DIE
INDIANER

In der Reihe *Alltagsleben damals* sind erschienen:

- Altes Arabien
- Altes Ägypten
- Altes Griechenland
- Altes Rom
- Die Kelten

- Mayas, Azteken, Inkas
- Das Mittelalter
- Die Urgeschichte
- Die Wikinger

ISBN: 3-7886-1346-7

PROJEKTLEITUNG: Anne McRae
TEXT: Neil Morris
FACHLICHE BERATUNG (ORIGINALAUSGABE): Dr. C. F. Taylor
FACHLICHE BERATUNG (DEUTSCHE AUSGABE): Dietmar Kuegler
ILLUSTRATIONEN: Paola Baldanzi, Manuela Cappon, Sabrina Marconi, Lucia Mattioli, Alessandro Menchi, Antonella Pastorelli, Luisa Della Porta, Paola Ravaglia, Andrea Ricciardi di Gaudesi, Claudia Saraceni, Studio Stalio (Alessandro Cantucci, Fabiano Fabbrucci, Andrea Morandi)
GRAFIK: Marco Nardi
LAYOUT: Yotto Furuya
REDAKTION: Claire Moore und Anne McRae
REPRO: Litocolor, Florenz (Italien)
BILDRECHERCHE: Valerie Meek
ÜBERSETZUNG: Sabine Goehrmann

Druck und Bindung in Italien

DIE
INDIANER

Von Neil Morris

Unter fachlicher Beratung von Dr. Colin F. Taylor

Illustrationen von Paola Baldanzi, Manuela Cappon, Sabrina Marconi, Lucia Mattioli, Alessandro Menchi, Antonella Pastorelli, Luisa Della Porta, Paola Ravaglia, Andrea Ricciardi di Gaudesi, Claudia Saraceni, Studio Stalio

Tessloff Verlag

Inhalt

Einführung

Die ersten Menschen wanderten vor vielen Tausend Jahren nach Nordamerika ein. Sie zogen in Gruppen über den Kontinent und jagten Wildtiere, sammelten Pflanzen und fischten in den Meeren, Seen und Flüssen. Familien schlossen sich zu Verbänden zusammen, von denen einige mehrere Hundert Menschen zählten. Einzelne Familienverbände vereinigten sich zu Stämmen, deren Mitglieder die gleiche Sprache sprachen und die gleichen Bräuche und Glaubensvorstellungen hatten. Die nordamerikanischen Indianerstämme sprachen Hunderte von Sprachen. In den unterschiedlichen Regionen des Kontinents, wie der Arktis, den Prärien und Plains und dem östlichen Waldland, passten sich Gruppen von Stämmen ihrer Umwelt an und entwickelten ähnliche Lebensformen. Einige jagten Bisons, andere Karibus, Robben und Wale. Manche Stämme wurden sesshaft und begannen, Mais, Bohnen und Kürbisse anzubauen. Je nach Gegend lebten die Dorfbewohner in rechteckigen Langhäusern aus Holz oder sie bauten sich Erdhäuser. Umherziehende Stämme wohnten in Tipis und Wigwams, die sie aus Tierhäuten und Birkenrinde errichteten.

Die Ankunft europäischer Entdecker vor 500 Jahren griff tief in das Leben der Indianer ein. Die Neuankömmlinge führten Pferde ein, die von vielen Stämmen übernommen wurden, sie brachten aber auch Krankheiten und mörderische Feuerwaffen in ihre „Neue Welt". Die Siedler waren gierig nach Landbesitz, und schon bald wurden die Indianer aus ihren Stammesgebieten vertrieben. Heute bewundern wieder viele die Traditionen der Indianer, die auf der Achtung vor der Natur beruhen und so lange erfolgreich gewesen waren.

NORDAMERIKANISCHE KULTURRÄUME

1 ARKTIS
2 NÖRDLICHE WÄLDER
3 DIE NORDWESTKÜSTE
4 KALIFORNIEN
5 PLATEAU UND GROSSES BECKEN
6 PRÄRIEN UND PLAINS
7 DER SÜDWESTEN
8 SÜDÖSTLICHES WALDLAND
9 DER NORDOSTEN

Zeittafel der nordamerikanischen Indianer

EINE LANDBRÜCKE ENTSTEHT IM BERINGMEER
um 26000–11000 v. Chr.

ERSTE WANDERUNGEN AUS ASIEN NACH NORDAMERIKA
um 18000–13000 v. Chr.

CLOVIS-MAMMUTJÄGERKULTUR IN DEN PRÄRIEN UND PLAINS
um 9000 v. Chr.

ERSTE NICHT-DAUERHAFTE SIEDLUNGEN IN NORDAMERIKA
um 7000 v. Chr.

BEGINN DER FRÜHEN GRABHÜGELKULTUREN
1000 v. Chr.

ENTSTEHUNG DER DORSET-KULTUR IN DER ARKTIS
600 v. Chr.

BLÜTEZEIT DER HOPEWELL-GRABHÜGELKULTUR
100 v. Chr. – 500 n. Chr.

HOHOKAM-KULTUR BEGINNT IM SÜDWESTEN
um 100

ENTSTEHUNG DER MISSISSIPPI-GRABHÜGELKULTUR MIT ZU STÄDTEN ANWACHSENDEN DÖRFERN
um 700

DIE ANASAZI IM SÜDWESTEN BEGINNEN MIT DEM BAU VON FELSENWOHNUNGEN
um 800

THULE-KULTUR BREITET SICH ÜBER DIE ARKTIS AUS
um 1000

DER WIKINGER LEIF ERIKSSON ERREICHT NORDAMERIKA
1002

BLÜTEZEIT VON CAHOKIA, DER GRÖSSTEN STADT DER MISSISSIPPI-KULTUR
um 1200

APACHEN TREFFEN AUS DEM NORDEN IN DER WÜSTE DES SÜDWESTENS EIN
um 1400

CHRISTOPH KOLUMBUS ERREICHT DEN AMERIKANISCHEN KONTINENT
1492

DIE PILGERVÄTER DER MAYFLOWER GEHEN IN MASSACHUSETTS AN LAND
1620

Die ersten Siedler

Die ersten Menschen, die den amerikanischen Kontinent betraten, waren umherziehende Jäger und Sammler aus Asien. Sie überquerten eine Landbrücke, die heute den Meeresboden der Beringstraße zwischen Alaska und Asien bildet. Wir wissen nicht genau, wann dies geschah, aber viele Archäologen glauben, dass die ersten Wanderungen vor 20 000 bis 15 000 Jahren stattfanden. Kleine Gruppen zogen südwärts, und innerhalb weniger Jahrtausende waren Nord- und Südamerika besiedelt.

Die Clovis-Kultur

Die frühesten Ureinwohner Amerikas sind nach dem Ort Clovis in New Mexico benannt. Sie lebten in kleinen Verbänden von bis zu 10 Familien. Die Clovis-Männer jagten Mammute, Biber und andere Wildtiere. Die Frauen sammelten wild wachsende Früchte und Gemüse, kochten die Mahlzeiten und versorgten die Kinder. Die Clovis-Menschen und ähnliche Gruppen waren über weite Gebiete verstreut.

Beringia

Die Gegend der heutigen Beringstraße wird zusammen mit den benachbarten Teilen Sibiriens und Alaskas als Beringia bezeichnet. Vor 28 000 bis 13 000 Jahren war ein Teil der Meere in riesigen Gletschern gebunden. Dadurch war der Wasserspiegel gesunken, und eine Landbrücke, die Beringstraße, lag zwischen Alaska und Asien.

Als die ersten Menschen über Beringia einwanderten, gab es eine kurze Jahreszeit, in der die gefrorene Oberfläche des Bodens schmolz und sumpfig wurde. Die Landschaft muss so ähnlich ausgesehen haben wie weite Teile Alaskas heute (oben).

Die ersten Amerikaner überquerten Beringia auf schmalen, eisfreien Korridoren. Sie folgten vermutlich ihren Beutetieren.

Die Jäger der Clovis-Kultur befestigten scharfe Steinspitzen an den Enden ihrer langen Holzspeere. Sie jagten in Gruppen Großwild wie diese Mammute.

Werkzeuge

Die frühen Amerikaner fertigten scharfkantige Werkzeuge, indem sie Splitter von Steinen abschlugen. Sie kannten auch ein Wurfbrett, den *Atlatl*, mit dem sie ihren Speeren mehr Kraft geben konnten. Mit Steinwerkzeugen schnitzte man auch Stoßzähne und Knochen und schabte Tierhäute sauber. Als im Laufe der Zeit Großtiere als Jagdbeute seltener wurden, ergänzten die Menschen ihre Nahrung stärker durch Früchte, Beeren und Nüsse.

Steinwerkzeuge wie dieses in New Mexico gefundene (oben) wurden bei der Jagd und zum Säubern von Tierhäuten verwendet.

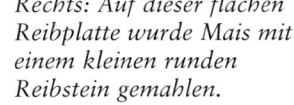

Rechts: Auf dieser flachen Reibplatte wurde Mais mit einem kleinen runden Reibstein gemahlen.

Prähistorische Tierwelt

Die ersten Amerikaner jagten viele Großtiere, darunter Mammute, Mastodonten, riesige Faultiere und Löwen. Vor rund 10 000 Jahren waren all diese Tiere auf dem amerikanischen Doppelkontinent ausgestorben. Die Ursache war vermutlich eine rasche Klimaveränderung während einer Periode globaler Erwärmung.

Der gefährliche Säbelzahntiger bedrohte selbst die größten prähistorischen Säugetiere.

Pflanzliche Nahrung

Als die frühen Jäger und Sammler auf dem Kontinent weiter nach Süden zogen und das Eis hinter sich ließen, fanden sie dort fruchtbaren Boden und eine große Vielfalt von wild wachsenden Pflanzen vor. Diese wurden für sie sehr wichtig, weil die großen Säugetiere allmählich ausstarben. Es gab reichlich essbare Wurzeln, Früchte, Beeren und Nüsse. Die an der Küste entlangziehenden Stämme sammelten auch Muscheln.

Oben: Das Einsammeln wild wachsender Pflanzen als Nahrung war meist Sache der Frauen. Sie wussten, wo die besten Plätze waren, und gaben ihr Wissen von Generation zu Generation weiter.

Grabhügelbauer

Einige der frühen Indianerkulturen Nordamerikas bauten große Erdhügel. Viele dieser Anlagen dienten als Begräbnisstätte, andere aber geben heute noch Rätsel auf. Wir wissen, dass die Hügel von Arbeitern errichtet wurden, die jeden Erdbrocken in Körben auf ihrem Rücken herbeischleppten, denn sie besaßen weder Zugtiere noch Räderkarren. Die erste Gruppe von Grabhügelbauern wird nach dem Ort Adena im heutigen Staat Ohio bezeichnet, wo die ersten Funde gemacht wurden. Die Adena-Kultur blühte von etwa 600 bis 100 v. Chr. Ihr folgte die ebenfalls nach einem Ort in Ohio benannte Hopewell-Kultur.

GOLF VON MEXIKO

Das Einflussgebiet der Grabhügelbauer (Adena-Region in Orange, Hopewell-Region in Gelb) erstreckte sich von den Großen Seen bis zum Golf von Mexiko.

Dieses Kupfergesicht (unten) gibt uns eine Vorstellung davon, wie die Hopewell-Menschen sich selbst gesehen haben könnten.

Dieser Querschnitt zeigt die verschiedenen Schichten eines Grabhügels mit Skeletten und Grabbeigaben.

Bestattungsriten

Viele Erdhügel bedeckten einfache Gräber, die mit Ton ausgestrichen waren, während andere die Asche Verstorbener enthielten. Häuptlinge oder andere hochrangige Personen wurden oft in Gräbern bestattet, die mit Holz ausgekleidet waren. Vor der Bestattung wurden manche Tote mit rotem Ocker bemalt oder überpudert. Die Gräber enthielten Grabbeigaben in Form von Perlen, Töpfen und Waffen. In vielen Gräbern wurden tönerne Tabakpfeifen neben die Toten gelegt, bevor man Erde zu einem Hügel aufhäufte.

Unten: Der Große Schlangenhügel in Ohio ist 400 Meter lang. Auf der linken Seite umschließen die Kiefer der Schlange einen ovalen Hügel, der ein Ei darstellen könnte. Diese Erdanlage ist möglicherweise von den Menschen der Adena- oder Hopewell-Kultur erbaut worden.

Bildnishügel

Die künstlichen Erdhügel, die keine Begräbnisstätten enthalten, bergen ungelöste Rätsel. Sie werden oft „Bildnishügel" genannt. Manche sind wie Schlangen, andere wie Vögel oder Schildkröten geformt. Vielleicht waren diese Tiere die Symbole von Häuptlingen. Oder die Erdhügel wurden zum Gedenken an Vorfahren angelegt. Einige Archäologen glauben sogar, dass sie Sternbilder darstellen.

Rechts: Zeremonialdolch mit einer Obsidianklinge, die an einem Holzgriff befestigt ist.

Handelsnetz

Die Hopewell und andere Stämme trieben in einem weiten Gebiet Handel, um sich die Rohmaterialien zu beschaffen, die sie zu Schmuck und Gebrauchswaren verarbeiteten. Sie bekamen Kupfer und Blei aus der Region der Großen Seen, Obsidian (ein vulkanisches Glas) und Grislibärzähne aus den Rocky Mountains, Muscheln von der Atlantik- und der Golfküste und das glänzende Mineral Glimmer aus den Appalachen.

Dieser Hopewell-Frosch wurde aus einem gehämmerten Kupferblech geschaffen. Der Kunsthandwerker hat die Doppelkopfform vermutlich mit einem scharfen Werkzeug aus Feuerstein ausgeschnitten.

Das Keramikgefäß (links) ist mit einer Löffelente verziert, die ein bevorzugtes Hopewell-Motiv war.

Der Anbau von Pflanzen

Die Menschen der Grabhügelkulturen sammelten Pflanzen ein, begannen aber auch, Samen in fruchtbarem Boden auszusäen und Nutzpflanzen zu ziehen. Zu den ersten gehörten Sonnenblumen. Sie gediehen größer und kräftiger, weil nur die besten Samen zur Aussaat genommen wurden. Ihnen folgten Sumpfholunder, Knöterich und Kürbis. Mit diesen Nahrungspflanzen ergänzten die Menschen ihre Ernährung aus Fleisch, Wildfrüchten und Wildgemüse.

Links: Sonnenblumenkerne sind sehr eiweißreich. Die Grabhügelbauer pressten daraus ein nahrhaftes Öl.

Handwerkskunst

Adena-Frauen stellten einfache Keramik her, während die Männer Kupfer zu Armreifen, Ringen und Halsschmuck hämmerten. Hopewell-Kunsthandwerker fertigten auch künstliche Nasen aus Kupfer, die sie auf Tote legten. Sie hämmerten Gold und Silber zu Folien, mit denen sie Ohrgehänge und andere Schmuckstücke verzierten. In die Steinplatten, die sie für die Zubereitung von Pulver und Farbe aus Ocker verwendeten, schnitzten sie dekorative Tiermuster.

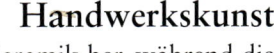

Die ersten Bauern

Als die frühen Indianerstämme lernten Pflanzen anzubauen, bedeutete dies, dass sie für längere Zeit an einem Ort bleiben konnten. Die Züchtung von Mais aus einem Wildgras führte zum Beginn des Ackerbaus in Nordamerika. Diese Körnerpflanze wurde vermutlich von Mittelamerika in den Südwesten eingeführt, wo die Menschen sie schon bald zusammen mit Kürbissen und Bohnen anpflanzten. Die Fruchtbarkeit des Bodens fand Eingang in die Glaubensvorstellungen, und mit der Verbesserung der Anbaumethoden konnten die Ernteüberschüsse für den Handel mit anderen Stämmen genutzt werden.

Diese Hacke zum Lockern des Bodens besteht aus einer Knochenklinge, die an einem Holzstiel befestigt ist.

Der Feldbau

Da Frauen traditionsgemäß die Pflanzensammler in der Familie waren, erledigten sie auch die meisten Feldarbeiten, zumindest in der Frühzeit des Ackerbaus. Frauen wussten viel über Aussaat und Ernte und gaben ihr Wissen an ihre Töchter weiter. Manche Frauen wurden als besonders Glück bringend angesehen und übernahmen deshalb das Aussäen. Unglücksfrauen, wie zum Beispiel solche, die von einer Schlange gebissen worden waren, erhielten andere Aufgaben.

Die Frauen hatten oft einen weiten Weg zu ihren Feldern. Dort errichteten sie Plattformen, auf denen sie ihre Kinder spielen ließen, damit der Lärm hungrige Vögel vertrieb.

Erntefeste

Die frühen Bauern wussten, wie wichtig die Vorbereitung auf die Ernte und vor allem ausreichend Regen in der Wachstumsperiode waren. Im Stamm der Hopi war es Tradition, im Spätsommer die Schlangenzeremonie abzuhalten. Bei Sonnenuntergang am letzten Tag des Festes tanzten Männer, die lebende Schlangen in ihrem Mund hielten. Nach dem Tanz wurden die Reptilien wieder in die Wüste zurückgebracht, wo sie vermutlich die göttlichen Geister um Regen und gute Ernten bitten sollten.

Links: Die Pueblo-Indianer führten den Maistanz auf, eine Erntedankzeremonie. Dieser Mann hält einen immergrünen Zweig in der einen Hand und eine mit Kieseln gefüllte Rassel, die Regen symbolisiert, in der anderen.

Wie Mais verwendet wurde

Mais wurde auf vielfältige Art genutzt. Die südöstlichen Stämme kannten rund hundert verschiedene Maisgerichte. Waldland-Stämme vermischten Mais mit Wasser und Asche und kochten oder brieten den Brei über einem Feuer. Sie zerrieben die Körner zu Mehl, aus dem sie zusammen mit Bohnen ein Gericht bereiteten. Maiskolben wurden auch als Brennmaterial verwendet, und aus Maisstroh fertigten die Indianer Matten, Puppen und Masken.

Rechts: Diese Maisstrohpuppe hat einen hölzernen Kopf. Puppen waren Kinderspielzeug, spielten aber auch in Heilungszeremonien eine Rolle.

Links: Für diese Maske wurden aufgerollte Zöpfe aus Maisstroh zusammengenäht. Man glaubte, dass die Träger dieser Maisstrohmasken Heilkräfte besaßen.

Heiliger Tabak

Tabak wurde auf gesonderten Feldern angepflanzt. Diese Pflanze galt als heilkräftig und sollte böse Geister abwehren können. Die Blätter wurden getrocknet und dann in schön geschnitzten Pfeifen geraucht. Die heilige Pfeife, das *Calumet*, wurde oft geraucht, um von den Geistern Regen zu erbitten oder einen Fremden zu begrüßen.

Adlerfedern hängen am verzierten Stiel dieser Calumet-*Pfeife aus dem Potawatomi-Stamm.*

Bewässerung

Viele Felder lagen in Flusstälern, wo es reichlich Wasser gab. In trockenen Wüstengebieten mussten sich die Bauern etwas einfallen lassen. In der Sonora-Wüste im heutigen Arizona gruben die frühen Hohokam lange Bewässerungskanäle und lenkten das Wasser aus den wenigen Flüssen auf ihre Maisfelder. Auf diese Weise gelang es ihnen, zweimal jährlich zu ernten.

Dieser Korb wurde von den Bauern des Seneca-Stammes benutzt.

Die „drei Schwestern"

Die wichtigste Anbaupflanze war Mais, der als „Geschenk der Götter" galt. Die so genannten „drei Schwestern" Mais, Bohne und Kürbis lieferten die Hauptnahrung der Indianer. An den Maisstängeln rankten sich Bohnen hoch; sie führten dem Boden die von den anderen beiden Anbaupflanzen entzogenen Nährstoffe wieder zu. Zugleich trugen die großblättrigen Kürbisse dazu bei, den Boden feucht zu halten.

Die „drei Schwestern" Mais, Bohne und Kürbis wurden direkt nebeneinander auf einem Feld angebaut.

Die ersten Städte

Der Maisanbau und die verbesserte Nahrungserzeugung hatten die Entstehung mächtiger Häuptlingstümer in den fruchtbaren Tälern des Mississippi und seiner Nebenflüsse zur Folge. Um 800 n. Chr. entwickelten sich die Mississippi-Dörfer zu Städten, in denen, wie bei den vorhergehenden Kulturen, Erdhügel ein typisches Merkmal waren. Die größte Stadt lag bei Cahokia am Mississippi in Illinois. Sie war das Zentrum einer Region, die von einem gottähnlichen Häuptling und seinen Adligen beherrscht wurde. Weitere größere Städte lagen bei Moundville in Alabama und Etowah in Georgia.

Im Zentralbereich von Cahokia gab es fünf Kreise aus Holzpfosten. Historiker glauben, dass diese Holzbauten dazu dienten, die Stellung der Sonne an bestimmten Tagen des Jahres zu beobachten. Vielleicht wurden sie auch als Kalender genutzt oder zur Berechnung der günstigsten Tage für die Aussaat.

Cahokia und seine Bewohner

Historiker glauben, dass Cahokia in seiner Blütezeit dicht bebaut war und fast 30 000 Einwohner hatte. Es war zugleich das Zentrum einer Gruppe kleinerer Dörfer und Siedlungen. Cahokia weist mehr als hundert Erdhügel auf, von denen einige Fundamente für Holzbauten und andere Begräbnisstätten für bedeutende Persönlichkeiten waren.

Oben: Die Kerben im Blatt dieser Hacke aus Feuerstein deuten darauf hin, dass sie mit Lederriemen an einem Holzstiel befestigt werden konnte. Die Mississippi stellten viele ihrer Werkzeuge und Waffen aus Feuerstein her.

Links: Dieser Topf in der Form eines Kopfes könnte zeremoniellen Zwecken gedient haben. Archäologen glauben, dass in der Mississippi-Kultur Frauen die geschicktesten Töpfer waren.

Häuptlinge und Adlige

Mississippi-Stämme beruhten auf einer strengen Hierarchie. Die Mississippi glaubten, dass ihre Häuptlinge vom Sonnengott abstammten. Der Häuptling trug den Titel „Große Sonne" und war der religiöse Führer. Er wurde von allen Untertanen verehrt. Diener trugen ihn in einer Sänfte, und sein Wohnsitz befand sich auf dem höchsten Tempel-Hügel. Unter dem Häuptling und seiner Familie stand eine Adelsschicht, der das einfache Volk Mais und andere Erzeugnisse als Tribut brachte.

Links: Dieses Mississippi-Skelett, bekannt als „die Prinzessin", wurde mit einem Schmuck aus fast 2 000 Muschelperlen gefunden. Perlen waren bei den Mississippi ein beliebter Schmuck.

Glaubensvorstellungen

Viele Mississippi-Stämme übten eine Religion aus, die wir Südkult nennen. Zahlreiche Symbole und Rituale dieses Kults ähneln denen, die von mittelamerikanischen Stämmen bekannt sind, darunter das Menschenopfer. Künstler verzierten Gegenstände mit Kreuzen, Sonnenkreisen, tränenden Augen, Spechten und Spinnen. Knochen und andere Symbole verweisen auf das große Interesse, das dem Tod und dem Jenseits entgegengebracht wurde.

Links: Die Muster auf dieser bemalten Flasche könnten eine symbolische Bedeutung gehabt haben.

Rechts: Dieser Kupferkopf weist das typische Symbol des Südkults auf – ein spitz zulaufendes Auge.

Links: Cahokia wurde von einem riesigen Erdhügel überragt, der von 900 bis 1050 in Etappen auf vier Terrassen aufgeschichtet worden war. Auf ihm standen strohgedeckte Gebäude, so auch der größte Bau auf der obersten Plattform, der wahrscheinlich der Häuptlings-palast war.

Der zentrale Bereich von Cahokia war von einer hölzernen Palisade umgeben. Sie wurde wahrscheinlich errichtet, um die kultischen Bauten von den Behausungen zu trennen.

Im Südwesten waren die Häuser oft terrassenförmig gebaut.

Dörfer im Südwesten

Um 800 begannen die Anasazi im Südwesten von Nordamerika, Dörfer auf dem Gebiet des heutigen New Mexico zu bauen. Sie schufen große mehrstöckige, um Innenhöfe angeordnete Wohnbauten mit unterirdischen Kulträumen, den *Kivas*. Die Nachkommen der Anasazi wurden von den Spaniern nach ihrem Wort für „Dorf" einfach Pueblos genannt. Zu ihnen zählen die Hopi im heutigen Arizona.

Die Männer gingen ins Kiva, um dort zu weben, zu fasten, Opfer darzubringen oder sich zu reinigen. Sie brachten in der Kammer auch ihre Kultobjekte, wie Gebetsstäbchen, Federmasken und Kostüme für Kachina-Tänze, unter.

Tragegurt, Maissieb und Sack wurden vor vielen Jahrhunderten in prächtigen Farben aus Yuccafasern gewebt.

Korbflechten und Weben

Es war die Aufgabe der Frauen, Körbe herzustellen, in denen der geerntete Mais, andere Nahrungsmittel, Kinder und sogar Wasser getragen wurden.
Das Weben hingegen war Sache der Männer. Sie pflückten die Baumwolle und verspannen sie zu Garn, das von Frauen eingefärbt wurde. Die Männer stellten an großen Webrahmen die Kleidung für die Familie her.

Das Kiva

Bei den Anasazi (und allen von ihnen abstammenden Pueblo-Indianern) war das Kiva eine meist unterirdisch angelegte Kammer für wichtige Versammlungen und religiöse Zeremonien. Es war den Männern vorbehalten; Frauen durften das Kiva im Allgemeinen nicht betreten. Beim Powamuy-Fest im Februar wurden Kinder mit in das Kiva genommen, wo sie angstvoll den Erzählungen maskentragender Männer lauschten, die Kachinas oder Boten der Geisterwelt darstellten. Kivas werden auch heute noch für religiöse Zeremonien genutzt.

In den Überresten von Pueblo Bonito sind mehrere Kivas zu erkennen. Das Dorf war mit anderen, kleineren Siedlungen durch ein System von geraden Straßen verbunden.

Diese schwarz-weißen Töpferwaren zeigen die für die Anasazi typischen geometrischen Muster.

Pueblo Bonito

Der Anasazi-Ort Pueblo Bonito („hübsches Dorf") im Chaco-Canyon im heutigen New Mexico war eine große Wohnsiedlung, die aus einem einzigen mehrstöckigen Gebäude bestand. Sie wurde um 900 erbaut und enthielt 800 Räume, in denen mehr als tausend Menschen wohnten.

Türkise waren bei den Pueblo-Indianern begehrt. In vielen Dörfern gab es Werkstätten, wo sie zu Schmuck verarbeitet wurden. Der Handel mit Türkisen lag in den Händen der Indianer im Chaco-Canyon.

Töpferei

Anasazi-Frauen formten zwischen den Händen dünne Tonwülste. Sie legten sie aufeinander, bis die gewünschte Höhe erreicht war, und verstrichen die Übergänge sorgfältig. Das fertige Gefäß ließen sie an der Sonne trocknen und brannten es dann im offenen Feuer.

Die Anasazi schufen „Sonnendolche", indem sie Sonnenlicht durch Spalten auf eine Steinplatte fallen ließen. Der Lichtstrahl traf auf ein eingeritztes Muster, aus dem der veränderte Sonnenstand im Wechsel der Jahreszeiten ersichtlich war.

❶ MASKIERTE TÄNZER VERKÖRPERN KACHINAS.
❷ KINDER DURFTEN NUR ZU BESONDEREN ANLÄSSEN IN DAS KIVA.
❸ STEINBODEN
❹ KIVADACH
❺ HÖLZERNE DACHLUKE
❻ EINSTIEGSLEITER
❼ WANDBANK
❽ DIE WÄNDE SIND MIT SYMBOLEN BEMALT, DIE FRUCHTBARKEIT UND REGEN DARSTELLEN.

Wüstennomaden

Im 15. Jahrhundert und vielleicht schon früher gesellten sich zu den Pueblo-Indianern im amerikanischen Südwesten umherziehende Jäger und Sammler aus dem Norden. Die Neuankömmlinge waren verwandte Apachen- und Navajo-Gruppen, die aus dem heutigen Kanada und Alaska nach Süden gewandert waren. Die Navajo, die manchmal als siebenter Apachen-Stamm bezeichnet werden, erlernten schnell den Feldbau und übernahmen viele andere Sitten und Bräuche von den Pueblos.

Diese Navajo-Decke zeigt Geister, wie sie auch in Sandmalereien dargestellt werden, neben einer heiligen Maispflanze.

Links: Apachen-Krieger trugen gefiederte Hauben aus Hirschleder auf ihren Kriegszügen.

Krieger und Jäger

Die Apachen, deren Name von einem Pueblo-Wort für „Feind" kommt, erwarben sich den Ruf kriegerischer Räuber. Sie stahlen die Ernte, das Vieh und die Pferde der Pueblo-Indianer und anderer Stämme und verbreiteten bei der bäuerlichen Bevölkerung Angst und Schrecken. Im Sommer schlugen sie ihre Lager in den Bergen auf, lebten in kuppelförmigen, grasgedeckten Hütten, den *Wickiups,* und jagten Hirsche, Kaninchen und andere Tiere.

Die Stellung der Frauen

Frauen genossen in der Gesellschaft der Navajo und Apachen großes Ansehen. Familien waren über die mütterliche Seite miteinander verwandt, und junge Ehepaare lebten immer bei der Mutter der Frau oder in deren Nähe. Die Frau konnte ihre Ehe auflösen, indem sie ihren Mann zu seiner Familie zurückschickte. Alle Kinder gehörten zum Clan der Mutter und erbten durch sie.

Apachen-Frauen waren geschickte Korbflechterinnen. In diesem leichten Lastkorb (rechts) wurde die Habe der Familie getragen, wenn sie weiterzog.

Der Hogan der Navajo ist rund oder achteckig. Der mit Erde bedeckte Kuppelbau wird mit Stangen gestützt und hat im Dach einen Rauchabzug. Der Eingang weist nach Osten.

Lebensweise der Navajo

Als die Navajo im Südwesten ankamen, brachten sie eine Jäger- und Sammlerkultur mit. Anfangs überfielen sie wie die Apachen Pueblo-Dörfer, mit der Zeit aber lernten sie von ihren Nachbarn und begannen, Nahrungspflanzen anzubauen und zu weben. Sie bauten ihre Behausungen, die *Hogans,* in verstreuten Gruppen, die aber nie zu Dörfern oder Städten heranwuchsen. Einen Teil des Jahres zogen die Navajo weiterhin umher.

Sandbilder

Die Navajo waren und sind noch heute bekannt für ihre
Sandmalereien. Die Medizinmänner oder Schamanen,
die sie anfertigen, holen den farbigen Sand aus den
Bergen und mischen weitere Farben durch Hinzufügen
von Maismehl und zerdrückten Blütenblättern.
Die Sandmalereien sind Bestandteil von Heilungszeremonien. Der Kranke wird auf das Sandbild gesetzt,
um direkten Kontakt mit den dargestellten heiligen
Wesen zu haben.

Die Heiligen Leute

Nach dem Glauben der Navajo beherbergte die Welt zwei
Arten von Wesen – übernatürliche, die Heiligen Leute, und
Menschen. Die Heiligen Leute schufen Wüsten, Berge und
alle anderen Dinge. Sie brachten den Menschen bei, wie sie
auf der Erde überleben konnten, aber sie waren nicht immer
eine gute Kraft. Viele Navajo-Rituale zielten
darauf ab, die übernatürlichen Mächte
günstig zu stimmen.

*Oben: Sandbilder zeigen Geschichten aus den
Navajo-Mythen. Nach einer Krankenheilung
muss das Sandbild wieder zerstört werden.*

*Apachen-Tänzer trugen hohe
Holzmasken und hölzerne
Schwerter, wenn sie die
Berggeister darstellten.*

Berggeister

Die Apachen verehrten
einen höchsten Gott, der als
Schöpfer allen Lebens galt.
Sie glaubten auch an
übernatürliche Wesen, die
Gahan, die auf bestimmten
Bergen lebten. Diese
Berggeister galten als
fähig, Krankheiten zu heilen und Böses
abzuwenden. Sie besaßen aber auch die
Macht, Menschen zu schaden, sodass
es wichtig war, ihnen immer den nötigen
Respekt entgegenzubringen. Bei den
Ritualen der Apachen stellten maskierte
Tänzer die *Gahan* dar.

In der Arktis

Die Inuit sind die Ureinwohner der eisigen Arktis im hohen Norden Nordamerikas. Ihr Lebensraum umfasst das riesige Gebiet vom heutigen Alaska über Nordkanada bis nach Grönland. Sie werden manchmal Eskimos genannt, was „Rohfleischesser" heißt, bezeichnen sich aber selbst als Inuit, was einfach „Menschen" bedeutet. Ihre Vorfahren schufen Kulturen, die Historiker nach den arktischen Fundstätten – Dorset und Thule – bezeichnen, und begannen, Kajaks, Harpunen und Hundeschlitten zu benutzen. Die Inuit-Kultur entwickelte sich vor rund tausend Jahren an den kalten Küsten des Beringmeeres.

Dieser Parka einer Frau hat vorn eine kurze und hinten eine längere Lasche. Inuit-Frauen trugen ihre Kleinkinder in einer aus der Rückenlasche geformten, sackförmigen Kapuze. Das praktische Kleidungsstück ist mit Fransen verziert.

Eiswüste

Die Heimat der Inuit in der Nordpolarregion ist das arktische Eis. Die Winter sind lang, dunkel und sehr kalt, und der Boden ist fast das ganze Jahr über gefroren. Um sich an die raue Umwelt anzupassen, mussten die Inuit besondere Behausungen und sehr warme Bekleidung entwickeln. Männer, Frauen und Kinder trugen eine ähnliche Bekleidung. Sie bestand aus einer langen Jacke mit Kapuze (Parka), Hosen oder Leggings, Fausthandschuhen und bis zu vier Schichten Schuhzeug. Für die meisten Kleidungsstücke wurden Karibu-Felle verwendet.

Das Inuit-Kajak ist ein schnelles, leichtes Einmannboot mit einem Einblattruder. Das Holzgerüst wird mit wasserdichten Robbenfellen bedeckt.

Eine Tranlampe beleuchtete und erwärmte das Innere aller Inuit-Behausungen. Sie war mit Robbenöl gefüllt, in dem ein Docht aus Moos schwamm.

Diese Schlitzbrille wurde aus Walrosszahn gefertigt. Sie schützte vor der grellen, vom Schnee reflektierten Sonne und vor Schneeblindheit.

Dem Walross (links) wurde auf Eisschollen vor der Küste nachgestellt. Es war vor allem wegen seiner Stoßzähne begehrt. Diese lieferten das wertvolle Elfenbein, aus dem die Inuit kunstvoll verzierte Gegenstände herstellten. Walrossfleisch wurde oft an Huskies verfüttert.

Behausungen

Im Sommer lebten die meisten Inuit in Zelten aus Tierfellen (Walross-Felle waren gut geeignet). In den Wintermonaten zogen die Familien in kuppelförmige Häuser aus Treibholz und Walknochen. Diese wurden teilweise unterirdisch angelegt und mit Fellen oder Rasenziegeln bedeckt, die warm hielten. Auf der Jagd und auf Reisen errichteten die Inuit als vorübergehende Unterkünfte Iglus oder Schneehütten. Große Blöcke aus festem Schnee wurden aufeinander geschichtet, sodass eine Kuppel entstand.

Die Jagd

Die Jagd und der Fischfang lieferten den Inuit ihre Nahrung und dazu Felle, Knochen und Elfenbein für die Herstellung von Kleidungsstücken, Unterkünften und Werkzeugen. Meist wurden Karibus und Robben gejagt. Die Inuit erlegten Karibus mit Pfeil und Bogen, vor allem im Herbst, wenn die Tiere in großen Herden nach Süden wanderten. Robben töteten sie meist mit Harpunen an ihren Atemlöchern oder von Kajaks aus auf dem offenen Meer. Fischer fingen mit dreizackigen Speeren Seeforellen in Eislöchern und gingen auch mit Netzen auf Fischfang.

Erfahrene Inuit können einen Iglu in wenigen Stunden errichten. Sie schneiden mit einem Schneemesser, das früher aus Walknochen gefertigt wurde, große Blöcke aus festem Schneeboden.

Rechts: Karibu-Jäger bauten Steinhaufen in Menschengestalt, Inukshuks genannt. Diese sollten Tiere erschrecken und zum Hinterhalt der Jäger lenken.

Hundeschlitten

Schlitten sind vermutlich schon vor Jahrtausenden von Hunden durch die Arktis gezogen worden. Seit jeher sind sie für die Inuit ein wichtiges Transportmittel. Die hölzernen Schlitten haben zwei lange Kufen, an denen Walknochen befestigt waren, damit sie besser über den Schnee glitten. Ein leichter Schlitten wurde von sechs oder mehr Huskies gezogen. Die Hunde halfen den Jägern auch, im Eis nach Atemlöchern von Robben zu suchen.

Die Huskies wurden an getrennten Leinen angeschnallt, damit sie vor dem Schlitten auseinander laufen konnten. Der Leithund, der von den anderen Hunden respektiert wurde, gehorchte den Rufen und Peitschenhieben des Schlittenfahrers.

21

Land des Überflusses

Die Indianer an der pazifischen Nordwestküste konnten alles, was sie brauchten, aus ihrer nächsten Umgebung holen – dem Meer und dem Wald. Im Ozean wimmelte es von Fischen und anderen Meerestieren. Zedern und andere Bäume aus den nahen Wäldern versorgten die Dorfbewohner mit Holz für den Bau von Häusern und seetüchtigen Kanus. Die Stämme dieser Gegend – zum Beispiel die Haida, Kwakiutl und Nootka – hatten ähnliche Lebensweisen und nutzten den natürlichen Reichtum der Natur. Sie verfügten über Zeit und Muße, künstlerische Fähigkeiten zu entwickeln und das Geschichtenerzählen zu pflegen.

Handel

Für den Bau von Kanus wurden halbierte Zedernstämme ausgehöhlt. Das Holz weichte man mit heißem Wasser auf, sodass es in Form gebracht werden konnte. Als besonders zuverlässig galten die Boote der Haida. Sie waren begehrte Tauschobjekte. Auch die Decken der Haida waren beliebt, vor allem solche, in die kunstvolle Muster eingewebt waren und deren Herstellung oft Monate dauerte. Für manche Stämme, wie die Tlingit, wurde der Handel mit Luxuswaren ein wichtiger Lebensbereich.

Der Bug eines Kanus war kunstvoll geschnitzt und oft mit dem Familien-Wappentier verziert.

Kriegführung

An der Nordwestküste fand Krieg zwischen rivalisierenden Dörfern, einzelnen Gruppen oder Stämmen in Form von meist nächtlichen Überraschungsangriffen statt. Oft waren dabei Kriegskanus im Einsatz. Eines der vielen Ziele bestand darin, Gefangene zu machen, die als Sklaven gehalten oder weiterverkauft werden konnten. Sklaven halfen bei den alltäglichen Arbeiten, wichtiger aber war, dass ihre Haltung vom Reichtum und von der gesellschaftlichen Stellung ihrer Besitzer zeugte.

Die Tlingit-Decke wurde aus Bergziegenwolle und Zedernbast gewebt. Die Muster zeigen die stilisierten Wappentiere einer bestimmten Familie.

Rechts: Krieger trugen eine hölzerne Rüstung mit Helm. Die Rüstung schützte ihren Träger nicht nur, sondern ließ ihn auch größer und Furcht erregender aussehen.

Unten: Eine Kriegskeule der Kwakiutl mit einer Steinschneide.

Zu besonderen Anlässen führten maskierte Tänzer Geschichten aus der Geisterwelt auf. Masken wie diese hatten Gelenke, sodass der Schnabel auf und zu klappen konnte, was das Geschehen sehr spannend machte.

Geschichtenerzählen

Mythen waren wichtig, denn sie erklärten die Stellung des Menschen in der Welt und machten den Wert überlieferter Bräuche verständlich. Viele waren spannende Geschichten. An langen Winterabenden saßen die Kinder am Feuer und lauschten ihrem Großvater, der ihnen von mythischen Gestalten wie der listenreichen Figur des Trickster erzählte, der in verschiedenen Tiergestalten erschien. Vielleicht hörten sie ihn auch von den ersten Menschen, die zu Beginn aller Zeiten die Welt bevölkerten, oder von der Entstehung von Bergen, Wäldern und Inseln berichten.

Die Harpune war an einer langen Leine aus Walsehnen befestigt, an der Schwimmer aus Robbenhaut hingen. Sie hinderten den Wal am Abtauchen. Der erlegte Wal wurde an den Strand geschleppt und dort unter den Dorfbewohnern aufgeteilt.

In jedem Dorf wurde zum Dank für den Fang des ersten Lachses eine Zeremonie abgehalten.

Der Lachsfang

Alljährlich kehrten im späten Frühjahr große Schwärme von Lachsen aus dem Pazifischen Ozean in ihre Geburtsflüsse zurück, um dort zu laichen. Die Küstenbewohner bauten hölzerne Dämme quer durch die Flüsse und lenkten die Fische so in Fallen, wo sie mit Speeren oder Netzen getötet werden konnten. Nach ein paar Wochen hatten die Dorfbewohner genug Lachse für mehrere Monate. Frauen filetierten die Fische und hängten sie zum Trocknen in Holzgestelle.

Die Waljagd

Die Männer des Nootka-Stammes jagten Grau- und Buckelwale. Sie paddelten in ihren Kanus erst dicht an den Wal heran, bevor sie eine lange Harpune in seinen Körper stießen. Der Wal-Häuptling, der die Jagd leitete und diese Stellung von seinem Vater erbte, genoss ein hohes Ansehen. Alle Teile des Wals wurden verwendet: Fleisch und Haut dienten als Nahrung, aus dem Blubber (Walfett) wurde Öl gewonnen, die Därme nutzte man als Behälter, Walknochen fanden vielseitige Verwendung und aus Sehnen drehte man Seile.

Wappenpfähle

Viele Pfähle waren in die Plankenhäuser eingebaut,
andere dagegen standen vor den Häusern.
Die geschnitzten und gemalten Motive
veranschaulichten wichtige Ereignisse
aus der Familiengeschichte des Hausbesitzers.
Meist zeigten sie tierische Schutzgeister,
die für die Familie zuständig waren.

*Rechts: Mit diesem
Hammer wurden
Keile in Zedernstämme
getrieben und Bretter
abgespalten.*

❶ IN DAS SCHNITZWERK DES WAPPENPFAHLS
EINBEZOGENE EINGANGSÖFFNUNG

❷ DIE VERZIERUNGEN AN DEN AUßENPLANKEN
WIESEN SYMBOLE AUF, DIE MIT DER HAUPTFAMILIE
DES HAUSES ZUSAMMENHINGEN.

❸ RAUCHABZUG

❹ FUßBODEN AUS ZEDERNPLANKEN

❺ GEMEINSCHAFTSFEUER ZUM WÄRMEN UND KOCHEN

❻ SCHLAFRÄUME DER FAMILIEN

❼ MIT WAPPENTIEREN BEMALTE INNENPFOSTEN

❽ WANDSCHIRM ZUM ABTEILEN DER
WOHNRÄUME

❾ GEWEBTE MATTE

❿ EINE ERHÖHTE PLATTFORM VERLIEF
RUND UMS HAUS.

⓫ VORRATSKÖRBE

*Die kunstvoll
geschnitzten und
bemalten Wappen-
pfähle der Haida
waren besonders
berühmt.*

Das Plankenhaus

Das Haus der Haida wurde aus
mächtigen Zedernbrettern errichtet. Sie
bildeten die Wände und das Giebeldach.
Große Pfähle an jeder Ecke und in der Mitte
sorgten für Stabilität und wurden mit den
Wappentieren der Familie verziert. Die
zum Wasser gerichteten Pfähle waren
ein beeindruckender Anblick. Im
Innern des Hauses war es ziemlich
dunkel, da es keine Fenster gab.

*Plankenhäuser
waren mit der Giebelseite
zum Wasser ausgerichtet.*

Schamanen

Die Indianer des Nordwestens glaubten an viele Geistwesen. Sie waren überzeugt, dass sie mithilfe eines Schamanen oder Medizinmannes Zutritt in die Geisterwelt erlangen konnten. Schamanen besaßen die übernatürliche Macht der Krankenheilung und führten zu diesem Zweck Zeremonien und Tänze aus. Sie konnten auch für gutes Wetter, siegreiche Kriege oder ergiebigen Lachsfang sorgen.

Nordwesthäuser

An der Nordwestküste standen die Dörfer dicht am Meer. Bei den Haida lagen die Häuser aus Zedernplanken ein Stück weit vom Strand entfernt und wiesen mit dem Eingang zum Wasser. In der Mitte stand das Häuptlingshaus. Mehrere Familien wohnten in einem Haus zusammen, wobei die von höherem Rang weiter hinten, zur „Oberwelt" des Waldes und des Himmels hin, wohnten. In den Sommermonaten zogen viele Familien ins Landesinnere und bauten sich provisorische Holzbehausungen an ihren bevorzugten Fischfangplätzen.

Oben: Diese Schamanenmaske der Tlingit stellt ein Geistwesen dar.

Potlatsch

Ein Potlatsch (so benannt nach einem Nootka-Wort für „geben") war ein großartiges Fest, bei dem an alle Gäste Geschenke verteilt wurden. Sein Anlass war oft ein Familienereignis, wie eine Geburt, eine Hochzeit oder ein Todesfall. Das Fest hatte nur einen einzigen Sinn: Es sollte den Reichtum und gesellschaftlichen Rang des Gastgebers zur Schau stellen.

Rechts: Diese Kwakiutl-Figur symbolisiert die Zerstörung von Waren bei einem Potlatsch. Sie hält die Hand schützend vor das Gesicht und wendet sich von den Flammen ab.

Körbe

Frauen stellten eine Vielzahl von Körben aus Gräsern, Wurzelfasern und Rindenbast her. Die Körbe dienten zur Aufbewahrung von Kleidung, Nahrung und anderen Dingen. Aus Zedernbast wurden wasserdichte Körbe mit Deckel geflochten, in denen die Frauen Speisen kochten. Kleinere Körbe waren so fest gewebt, dass man aus ihnen trinken konnte.

Die Plankenhäuser der Haida waren bis zu 15 Meter breit und 18 Meter lang. Durchschnittlich wohnten bis zu sechs Familien zusammen.

Diese Haida-Frau (oben) webt einen Korb aus Fichtenwurzeln auf einem Ständer. Graskörbe aus dem Haida-Stamm (rechts).

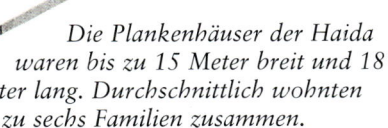

Das Plateau und das Große Becken

Die Plateau-Region liegt zwischen dem Kaskadengebirge und den Rocky Mountains und reicht vom heutigen British-Columbia im Norden bis nach Kalifornien im Süden. Das Große Becken ist ein Wüstengebiet, das die heutigen Staaten Nevada und Utah sowie Teile anderer Staaten umfasst. Den Bewohnern des Plateaus boten sich reiche Nahrungsquellen, darunter die großen, fischreichen Flüsse. Die Stämme des Großen Beckens dagegen waren von einer kargen Pflanzen- und Tierwelt umgeben. Sie mussten jedes auch noch so magere Nahrungsangebot nutzen.

Schwitzhütten

Wie auch in anderen Regionen glaubten die Stämme des Großen Beckens, dass Körper und Geist durch Schwitzen gereinigt werden. Sie bauten Schwitzhütten aus mit Fellen bespannten Stämmen, in denen sie Wasser auf heiße Steine gossen und so dampfende Hitze erzeugten. Die Schwitzhütte wurde für Zeremonien genutzt und diente den Männern als Versammlungsort.

Ein großer Teil des Lebens der Männer spielte sich in der Schwitzhütte ab.

Überlebenskünstler

Im heißen Sommer mussten sich die Stämme des Großen Beckens mit allem zufrieden geben, was essbar war. Insekten gab es reichlich, und so fingen die Menschen Grillen, Raupen und Ameisen. Insektenplagen waren willkommen: Heuschreckenschwärme wurden mithilfe von Laubbündeln auf eine große Feuergrube zugetrieben. Dort wurden die Insekten geröstet und dann zu einer Art Brot verbacken.

Drei Hauptsäulen der Ernährung im Großen Becken: Grille, Pinienzapfen und Binsen, deren Stängel oft roh gegessen wurden.

Korbarbeiten

Wie auch in anderen Teilen des Kontinents waren Körbe in beiden Regionen so gut gemacht, dass einige wasserdicht waren und als Kochtöpfe verwendet werden konnten. Wasser brachte man zum Kochen, indem man heiße Steine in einen Korb legte. Die Frauen des Großen Beckens trugen geflochtene Korbhüte.

Hasenjagd

Im November veranstalteten Paiute und andere Stämme des Großen Beckens eine Treibjagd auf Eselhasen. Als Erstes stellten sie an einer günstigen Stelle, wie zum Beispiel einem engen Tal, Netzzäune auf. Auf ein Signal hin rannten die Jäger dann durch die Wüste und schwenkten Stöcke, um die Hasen zu den Netzen zu treiben. Die Indianer nutzten das Fell und das Fleisch der Hasen.

Streifen aus Eselhasenfell wurden gerollt und zu Kleidungsstücken zusammengenäht.

Rechts: Fein gewebte Korbflaschen wie diese wurden innen und außen mit Pinienharz abgedichtet.

Konischer Korb und Schläger zum Abschlagen reifer Beeren und Grassamen.

Dieser Fischer am Columbia-Fluss fängt Lachse mit einem langstieligen Tauchnetz.

Fischfang in den großen Flüssen

Zur Zeit der Fischzüge im Sommer, die von Mai bis November dauerten, lebten die Plateau-Stämme in mit Matten bedeckten Sommerhütten an den Ufern der beiden großen Flüsse Columbia und Fraser. Jedes Dorf hatte seine eigenen Fischfangplätze, und der Fang – vornehmlich Lachse – wurde unter den Dorfbewohnern aufgeteilt. Die Männer stellten Reusen auf und fischten auch mit Speeren und Netzen.

Paiute-Männer schlagen mit langen Stöcken gegen die Pinyon-Äste, damit die Zapfen herunterfallen. Frauen nehmen die Kerne heraus.

Piniennuss-Ernte

Kleine, Pinyons genannte Pinien wachsen an den Hängen des Großen Beckens. Die Samen in ihren Zapfen waren eine lebenswichtige Nahrungsquelle für die Paiute und andere Stämme. Bei der Piniennuss-Ernte im September halfen alle mit. Während die Männer die Zapfen mit Stöcken abschlugen, kletterten die Jungen auf die Bäume und schüttelten die Äste. Die Frauen sammelten die Zapfen in Körben, und Mädchen trugen die Körbe zum Lagerplatz.

Kalifornien

Der Kulturraum Kalifornien erstreckt sich vom Pazifischen Ozean im Westen bis zu den Bergen der Sierra Nevada im Osten. Die landschaftliche Vielfalt reicht von Mammutbäumen im Norden bis zum wüstenartigen äußersten Süden. Das nahrungsreiche Gebiet war mit über 60 verstreut lebenden Stämmen dicht besiedelt. Viele von ihnen lebten in einzelnen kleinen Dörfern. Hier gab es mehr Indianer-Sprachen als in irgendeinem anderen Gebiet Nordamerikas.

Frauen warfen halbe Walnussschalen auf dieses tellerartige Korbbrett und bekamen Punkte für alle, die mit der flachen Seite nach oben liegen blieben.

Freude am Spiel

Männer wie Frauen liebten Spiele. Oft spielten sie um Muscheln und andere Geldarten. Die Männer bevorzugten ein Spiel, bei dem ein Spieler einen markierten und einen unmarkierten Knochen schnell von einer Hand in die andere nahm; die anderen wetteten, in welcher Hand sich der markierte Knochen befand. Frauen warfen gern Spielsteine auf ein Brett und erhielten Punkte, wenn sie auf eine bestimmte Art landeten.

Die Flechtkunst der Frauen

Die Pomo waren eine Gruppe von kleinen Stämmen, die nahe der Küste von Nordkalifornien lebten. Pomo-Frauen galten als die besten Korbflechterinnen aller Indianerstämme. Viele Körbe waren mit Federn und Perlen verziert. Muster wurden nie ganz um eine Arbeit herumgewebt, weil die Pomo glaubten, dass das eine Korbflechterin erblinden lassen könnte.

Pomo-Frauen flochten aus Weidenruten, Riedgräsern, Zedernbast und Binsenfasern zauberhafte Körbe in allen Formen und Größen.

Ein reich mit farbigen Federn und Muschelperlen verziertes Geschenk-körbchen der Pomo.

Welterneuerung

Stämme wie die Hupa, Karok und Yurok im nördlichen Kalifornien hielten regelmäßig Zeremonien ab, um zu verhindern, dass die spirituelle Kraft der Welt nachließ. Diese Welterneuerungs-Zeremonien umfassten Tänze, die bis zu zehn Tagen dauern konnten und die Kraft der Welt für das nächste Jahr wieder beleben sollten. Die Tänzer trugen prächtige Kostüme, darunter solche aus seltenem und kostbarem Weißhirschleder.

Behausung aus mit Binsenmatten gedeckten, gebogenen Stangen.

Der mit roten Spechtfedern verzierte Hirschleder-Kopfschmuck eines Tänzers.

Wüstenkrieger

Beim Stamm der Mohave gab es eine Klasse von Kriegern, die von Zeit zu Zeit ihre Nachbarn überfielen. Einige der Krieger waren Bogenschützen, andere trugen Keulen oder Speere.

Mohave-Bogen mit Pfeilen

Behausungen

Die Form der Häuser war von Gruppe zu Gruppe verschieden. Im Norden der Region bauten die Menschen Plankenhäuser, während im Süden vertieft angelegte und mit Gras und Erde bedeckte Erdhäuser üblich waren. Viele kalifornische Stämme lebten in kuppelförmigen Hütten, die aus einem Stangengerüst bestanden, das mit Erde, geflochtenen Zweigen, Rinde oder Binsenmatten abgedeckt wurde.

Eicheln

Eichenbäume waren wichtig, denn ihre Früchte – Eicheln – bildeten die Hauptnahrung in dieser Region. Die Eicheln wurden aus der Schale genommen, getrocknet und dann zu einem groben Mehl zerstoßen. Das Mehl wurde besonders behandelt, um die Bitterstoffe zu entfernen, bevor es zu einem dicken Brei gekocht oder zu Brot verbacken wurde.

Handel

Küsten- und Binnenlandstämme halfen sich gegenseitig durch Tauschhandel. Die binnenländischen Hupa zum Beispiel tauschten Eicheln gegen Meeresalgen und getrocknete Fische, die vom Küstenstamm der Yurok geliefert wurden. Die Hupa und andere Stämme tauschten ihre Waren auch gegen lange, dünne Zahnschnecken, die sie als Geld verwendeten.

Diese Pomo-Frau gießt heißes Wasser durch Binsen auf das Eichelmehl. Das Wasser wusch nach und nach die Bitterstoffe aus, die das Mehl sonst ungenießbar machten.

Stränge aus Zahnschnecken-Geld wurden in sorgfältig geschnitzten Behältern aus Elchhorn aufbewahrt. Die schönsten Schnecken verzierte man mit Federbüscheln.

Die Großen Ebenen

Die Großen Ebenen – die östlichen Prärien und die westlichen Plains – dehnen sich im Herzen Nordamerikas zwischen den Rocky Mountains und dem Mississippi aus. Einst waren sie von endlosen Wiesen bedeckt, auf denen riesige Bisonherden grasten, weshalb sie zur Heimat für verschiedene Gruppen von umherziehenden Jägern und Sammlern wurden. Dann kamen andere Stämme und begannen, in Dörfern sesshaft zu werden und Ackerbau zu treiben. Im Sommer zogen diese Stämme zur Bisonjagd in die Prärien. Wenn sie mit frischem Fleisch zurückkamen, wartete auf den Feldern schon die Ernte auf sie.

Ein Mandan-Erdhaus. Die Mandan lebten am Missouri und tauschten ihre Erzeugnisse gegen Waren, die Händler anderer Stämme zu ihnen brachten.

Erdhaus-Dörfer

Die meisten der Plains-Stämme siedelten in kleinen Dörfern an Flüssen. Oft umgaben sie die Dörfer mit Gräben und Holzzäunen. Auf den nahen Feldern pflanzten die Frauen Mais, Bohnen und Kürbisse an. Mehrere Familien wohnten in großen, mit Erde abgedeckten oder mit Schlamm verstrichenen Holzhütten zusammen, deren Eingang nach Osten wies.

Ein Hunde-Travois. Hunde sind nicht annähernd so stark wie Pferde.

Hundekraft

Bevor die Plains-Indianer Pferde besaßen, nahmen sie Hunde als Zugtiere. Die Hunde trugen entweder die Lasten auf dem Rücken oder zogen ein Schleppgestell, das Travois, hinter sich her. Es bestand aus zwei langen Stangen, zwischen die ein Tragnetz oder eine Lederplane gespannt war.

Wie bei anderen Plains-Stämmen gaben sich auch die Crow-Frauen große Mühe, ihre Kleidungsstücke mit Stachelschweinborsten und Perlen auszuschmücken. Als sie später Pferde besaßen, fertigten sie auch für diese Schmuck an. Die mit Perlen bestickte Schürze aus Wildleder und Stoff (links) wurde um den Pferdehals gehängt. Die gestickte Wildlederrosette wurde am Zaumzeug befestigt.

Ein Knochenschaber zum Säubern von Bisonhäuten.

Tipi-Ringe

Archäologen haben am Rande der Plains zwischen Alberta und Wyoming mehrere runde, mit Steinen ausgelegte Strukturen gefunden. Da sie den Tipis ähneln, in denen Plains-Stämme ihre rituellen Zeremonien abhielten, werden sie „Tipi-Ringe" genannt. Sie könnten für religiöse Rituale, aber auch für astronomische Beobachtungen gedient haben.

Dieser Ring, der wie ein Rad mit 28 Speichen ausgelegt ist, entstand vor rund 600 Jahren im Norden von Wyoming.

Die Bisonjagd

Die großen Bisonherden, die das Grasland durchstreiften, wurden das ganze Jahr hindurch gejagt. Manchmal schlichen sich die Jäger zu Fuß an die Bisons heran, aber es war nicht leicht, die Tiere nur mit Pfeilen oder Speeren zu erlegen. Meist trieben Gruppen von Jägern eine Bisonherde in ein abgesperrtes Tal oder über einen Steilhang. Die in Panik versetzten oder verletzten Tiere konnten dann getötet werden.

Bisons werden an einen Felsabhang getrieben, wo sie zu Tode stürzen. Im heutigen Alberta wurden Funde gemacht, die beweisen, dass diese Jagdmethode schon seit etwa 3600 v. Chr. bekannt war.

Lebensgrundlage Bison

Die Plains-Stämme lebten vom Bison, der sie mit fast allem, was sie für ihre Ernährung, Behausung und Kleidung brauchten, versorgte. Sie verwendeten alle Teile des Tieres. Häute wurden zu Tipis, Mänteln und Mokassins verarbeitet und aus der Wolle wurden Seile gedreht. Sehnen ergaben Nähgarn und Bogensehnen und aus den Hörnern wurden Schalen und Löffel geschnitzt. Die Zunge diente als Haarbürste und der Schwanz als Fliegenklatsche. Dazu kam sehr viel Fleisch.

Wichtige Ereignisse und Zeremonien wurden auf Bisonhäuten in Bildern festgehalten.

Kinder

Kinder lebten in Großfamilien, zu denen Tanten, Onkel und Großeltern gehörten. Sie lernten im Spiel, und die Älteren unterrichteten sie in den Sitten und Bräuchen ihres Stammes. Jungen übten sich als Jäger und Krieger, Mädchen lernten, wie man einen Haushalt führt.

Kleinkinder wurden auf einer Trage festgebunden, die von der Mutter auf dem Rücken getragen werden konnte.

❶ VERSTELLBARE KLAPPE ZUR REGULIERUNG DES RAUCHABZUGS JE NACH WINDVERHÄLTNISSEN

❷ TIPI-PFOSTEN

❸ BISONHÄUTE BEDECKEN DAS TIPI

❹ HÖLZERNE PFLÖCKE

❺ EINSTIEGSKLAPPE FÜR DEN NACH OSTEN LIEGENDEN EINGANG

❻ LEHNE AUS WEIDENRUTEN FÜR BEQUEMES SITZEN

❼ RUNDE FEUERSTELLE AUS HOLZ UND BISONMIST

❽ ZAUBERBEUTEL FÜR VORRÄTE

❾ KINDERTRAGE

❿ ROHLEDER WIRD BEARBEITET

⓫ KOPFSCHMUCK

⓬ SCHILD

⓭ TROCKENGESTELL

⓮ WERKZEUGE

Die Rolle der Frauen

Frauen waren für alles verantwortlich, was mit den Tipis zu tun hatte. Es war nicht nur ihre Aufgabe, die Häute zusammenzunähen und die Tipis aufzustellen, sondern sie mussten sie auch abbauen und auf Travois verpacken, wenn das Lager weiterzog. Bei schlechtem Wetter oder wenn der Stamm beschlossen hatte, im Winter das Lager auf- zuschlagen, kochten die Frauen über dem Feuer im Innern des Tipis. Außer den Jagdwaffen gehörte der Familienbesitz den Frauen.

Frauen trugen Kleider, Leggings und Mokassins aus Bisonleder, wie diese Frau (rechts), es gab aber auch Kleidung aus Hirsch- oder Elchleder.

Tipi-Lager

Plains-Stämme waren viel auf Wanderschaft, besonders im Sommer, wenn sie ihre Erdhaus-Dörfer verließen, um auf die Bisonjagd zu gehen. Ganze Familien zogen gemeinsam an einen günstigen Platz am Wasser und schlugen dort ihr Tipi-Lager auf. Das Tipi war eine praktische Behausung, in der es sich gut leben ließ, aber seine Aufstellung erforderte viel Geschick und Kraft. Das Tipi hat eine heilige Bedeutung: sein runder Boden symbolisiert die Erde, die Wände stellen den Himmel dar und die Tipi-Pfosten werden als Wege aus der Menschenwelt in die der Geister gedeutet.

Ein bemaltes Kästchen aus Rohhaut

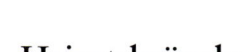

Eine Cheyenne-Flöte

Heiratsbräuche

Bei den Plains-Stämmen hatten viele junge Leute wenig Einfluss auf die Wahl ihres Ehepartners. Die Ehe wurde oft von ihren Eltern mit der Hilfe von Heiratsvermittlern arrangiert. Andere konnten den Partner heiraten, den sie liebten. Junge Männer versuchten, Eindruck bei den Mädchen zu machen, wenn diese ihren täglichen Arbeiten nachgingen. Vielleicht haben sie ihnen auch auf ihrer Flöte Liebeslieder vorgespielt.

Tragbare Behausungen

Das Tipi (ein Sioux-Wort für „Haus") bestand aus etwa dreißig Bisonhäuten, die zusammengenäht und über ein Stangengerüst aus Kiefern- oder Zedernholz gespannt wurden. Die Frauen des Stammes halfen sich gegenseitig bei der Aufstellung der Tipis. Wenn sie damit fertig waren, wurden die Häute mit Holzpflöcken im Boden befestigt. Bei warmem Wetter rollte man die Seiten hoch, damit das Tipi besser durchlüftet war.

Farben

Die Plains-Stämme bemalten ihre Kleidung, Gebrauchsgegenstände und sogar ihre Körper. Sie trugen mit Wasser und Fett vermischte Naturfarben mit Pinseln aus weichgekautem Pappelholz oder mit Weidenstöckchen auf. Schwarz wurde aus verbranntem Holz gewonnen, Grün aus vielen Pflanzen, Gelb aus Beeren und Blau aus Entenmist und farbiger Erde.

Einige Stämme, wie die Sioux und die Blackfoot, bemalten ihre Tipis. Alle Stämme stellten die Tipis mit dem Eingang nach Osten und leicht dorthin geneigt auf, weil die vorherrschenden Winde aus dem Westen über die Plains fegten.

Bräuche der Plains

Die entgegengestreckte rechte Hand war das Zeichen für „Freund".

Traditionen, Sitten und Rituale beruhten auf dem Glauben an die Geisterwelt, an deren Spitze ein Schöpfergott, der Große Geist, stand. Nach der Überzeugung der Plains-Indianer war es wichtig, mit der Welt, die ihnen alles gab, was sie brauchten, im Einklang zu leben. Visionen konnten den Menschen helfen, die Geheimnisse des Lebens zu verstehen, und wurden daher bei öffentlichen Zeremonien und privaten Meditationen gesucht. Feste und Tänze waren von Stamm zu Stamm unterschiedlich, aber viele beinhalteten Fasten und Schmerzen.

Zeichensprache

Die Plains-Stämme sprachen viele verschiedene Sprachen, von denen sich allerdings einige sehr ähnelten. Zu den sioux sprechenden Stämmen gehörten zum Beispiel die Sioux, Hidatsa und Crow. Am besten konnten sich die Stämme untereinander mit Handzeichen verständigen, die jedem geläufig waren. Diese Zeichensprache wurde auch von europäischen Entdeckungs- und Handelsreisenden erlernt.

Die Adlerfedern in dieser Arapaho-Federhaube standen für die Heldentaten ihres Trägers.

Links: Ein geschmückter Coup-Stab, mit dem man sich im Kampf Ehre erwerben konnte.

Kriegerische Ehren

Zwischen Plains-Stämmen kam es gelegentlich zu kriegerischen Auseinandersetzungen. Oft ging es um die Verteidigung der Jagdgründe. Meist unternahmen kleine Gruppen von Kriegern die Überfälle. Junge Männer konnten sich durch Kriegstaten den Respekt und die Bewunderung ihres Stammes erwerben. Sie galten auch als mutig, wenn sie einen Gegner berührten, ohne ihn zu töten. Ein solcher Schlag oder *Coup* wurde mit der Hand oder einem zaubermächtigen *Coup*-Stab ausgeführt.

Der Sonnentanz

Der Sonnentanz war die bedeutendste Zeremonie, die in einem Tipi-Lager im Sommer stattfand. Sie gehörte zu einem Fest, mit dem die Stämme den Großen Geist um Glück und Wohlergehen anflehten. Zum Klang von Trommeln und Rasseln umkreisten die Tänzer einen Pfahl und richteten dabei den Blick in die Sonne. Einige waren mit Riemen, die an Pflöcken in ihrer Haut befestigt waren, an den Mast gebunden und tanzten so lange, bis die Pflöcke herausrissen.

Links: Der Sonnentanz und viele andere Tänze wurden auch von Rasseln begleitet.

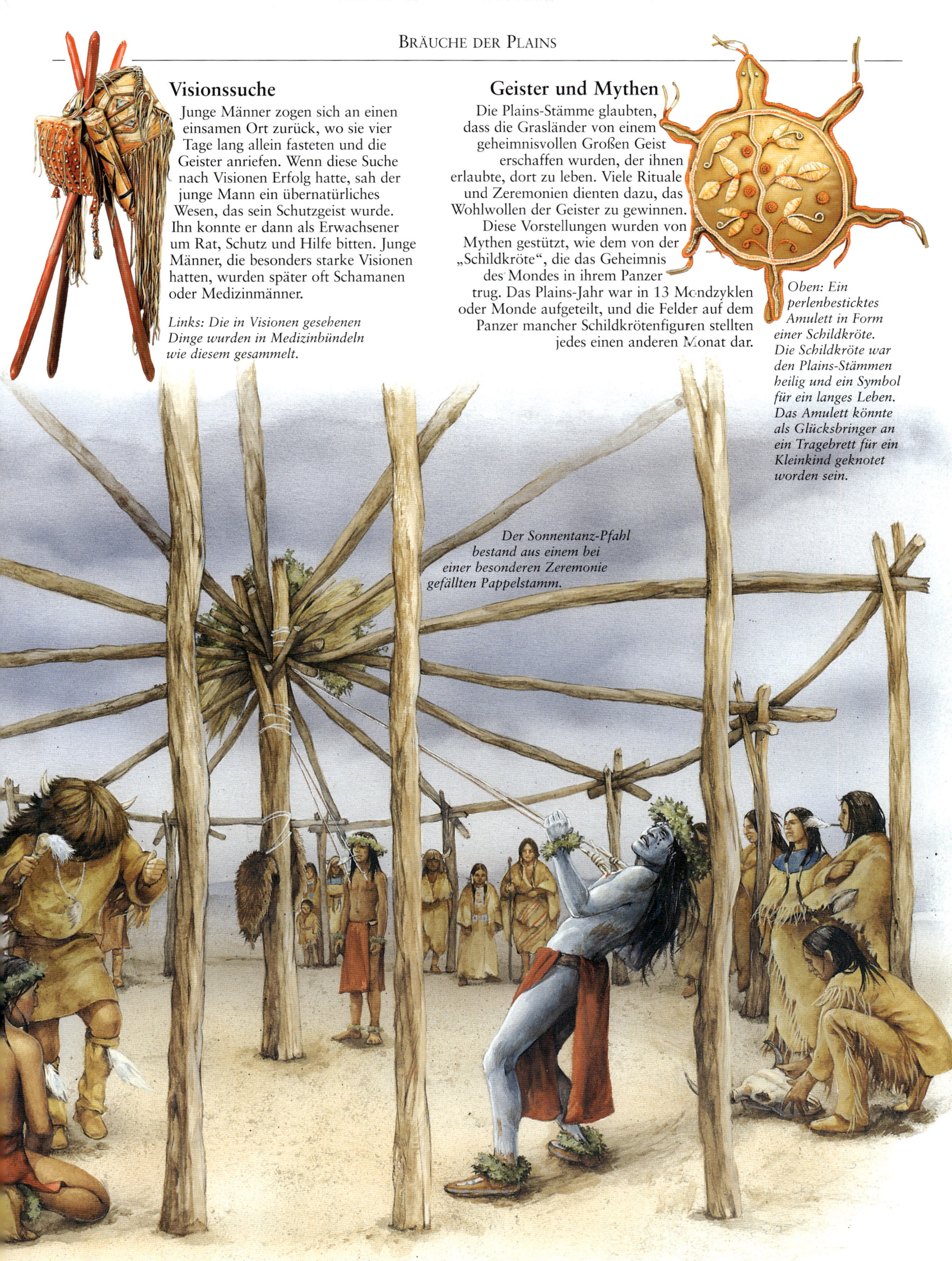

Visionssuche

Junge Männer zogen sich an einen einsamen Ort zurück, wo sie vier Tage lang allein fasteten und die Geister anriefen. Wenn diese Suche nach Visionen Erfolg hatte, sah der junge Mann ein übernatürliches Wesen, das sein Schutzgeist wurde. Ihn konnte er dann als Erwachsener um Rat, Schutz und Hilfe bitten. Junge Männer, die besonders starke Visionen hatten, wurden später oft Schamanen oder Medizinmänner.

Links: Die in Visionen gesehenen Dinge wurden in Medizinbündeln wie diesem gesammelt.

Geister und Mythen

Die Plains-Stämme glaubten, dass die Grasländer von einem geheimnisvollen Großen Geist erschaffen wurden, der ihnen erlaubte, dort zu leben. Viele Rituale und Zeremonien dienten dazu, das Wohlwollen der Geister zu gewinnen. Diese Vorstellungen wurden von Mythen gestützt, wie dem von der „Schildkröte", die das Geheimnis des Mondes in ihrem Panzer trug. Das Plains-Jahr war in 13 Mondzyklen oder Monde aufgeteilt, und die Felder auf dem Panzer mancher Schildkrötenfiguren stellten jedes einen anderen Monat dar.

Oben: Ein perlenbesticktes Amulett in Form einer Schildkröte. Die Schildkröte war den Plains-Stämmen heilig und ein Symbol für ein langes Leben. Das Amulett könnte als Glücksbringer an ein Tragebrett für ein Kleinkind geknotet worden sein.

Der Sonnentanz-Pfahl bestand aus einem bei einer besonderen Zeremonie gefällten Pappelstamm.

Nördliche Wälder

Ein breiter Waldstreifen zieht sich südlich der arktischen Tundra quer über den Kontinent. Hier sind die Winter lang und bitterkalt. Das Leben war für die Menschen in dieser Region hart. Im Westen lebten athabaskisch sprechende Stämme, darunter die Chipewyan. Die Stämme im Osten, wie die Cree und Naskapi, sprachen Algonkin-Dialekte. Ihren Lebensunterhalt bestritten sie durch die Jagd auf Karibus, Elche und andere Tiere, sie sammelten aber auch Pflanzen. Eine Gruppe – darunter die Ojibwa – zog im Herbst nach Süden, um an den Großen Seen Wildreis zu ernten.

Das Karibu ist ein großes nordamerikanisches Rentier. Die männlichen Tiere, die größere Geweihe als die weiblichen haben, erreichen eine Körperhöhe von 1,5 Metern.

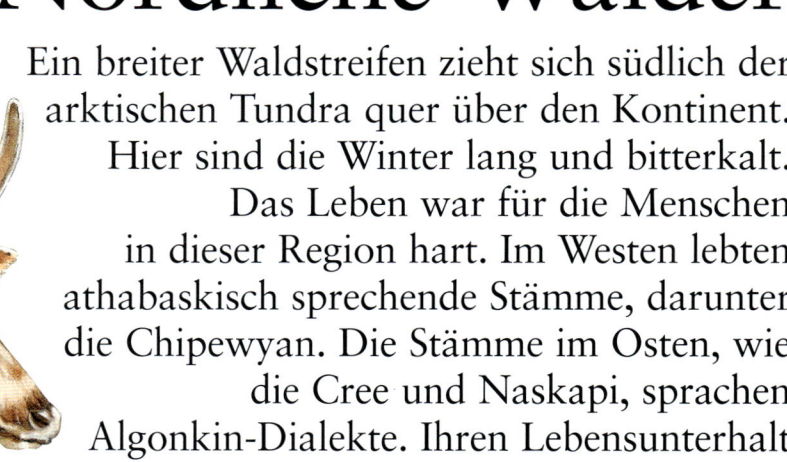

Das Karibu

Das Karibu lieferte den Stämmen der nördlichen Wälder alles, was sie brauchten. Die Menschen aßen sein Fleisch, fertigten aus seiner Haut Zelte und Kleidung und schnitzten aus Knochen und Geweih Werkzeug. Wenn die großen Karibuherden zu ihrer Wanderung aufbrachen, arbeiteten die Jäger in Gruppen und trieben sie in große Gehege, wo sie die Tiere mit Speeren erlegten. Andere Jäger verbargen sich in flachen Gruben und schossen mit Pfeil und Bogen auf sie.

Als Zeichen der Achtung vor dem Tier wurden oft bemalte Bärenschädel an einen Baum in der Nähe eines Jagdgrundes gehängt.

Felszeichnungen

Viele Waldstämme malten und schnitzten menschliche Figuren, Tiere und andere Symbole auf Steine. Manche davon hält man für die Darstellung von Mythen und Visionen. Prähistorische Beispiele könnten auch Warnungen oder Botschaften bedeutet haben.

Diese Felszeichnung eines Mannes, eines Elchs und eines Pumas entstand vor etwa 1000 Jahren. Die rote Farbe wurde aus Eisenerz gewonnen.

Transportable Hütten

Die Chipewyan und andere verwandte Stämme lebten in kegelförmigen Hütten, die den Tipis der Plains ähnelten. Ein Stangengerüst wurde mit Karibuhäuten bedeckt. Weiter östlich bauten die Algonkin-Stämme kuppelförmige Wigwams, die mit Birkenrinde, Fell oder Matten bedeckt wurden. Die Männer fällten die Bäume für das Gerüst, während die Frauen die Bedeckung vorbereiteten. Die Behausungen waren leicht aufzustellen und abzubauen.

Dieser Ojibwa-Wigwam ist mit Birkenrinde bedeckt.

Auf dieser Birkenrindenrolle sind heilige Gesänge und Geschichten der Midewiwin von einem Mide (Mitglied) eingeritzt.

Quillstickerei

Auch kleinere Felltiere wie Biber, Marder und Bisamratten wurden gejagt. Stachelschweine lieferten Borsten (Quills), die zur Verzierung verwendet wurden. Die Borsten wurden gewaschen, getrocknet, weich gemacht, platt gedrückt und eingefärbt. Danach nähten die Frauen sie auf Leder auf, webten sie in Stoffe ein oder verwendeten sie zum Sticken.

Diese Decke für eine Kindertrage ist mit Stachelschweinborsten verziert. Das Muster zeigt den mythischen Donnervogel.

Große Medizingesellschaft

Der *Midewiwin*-Bund oder die Große Medizingesellschaft war für die Ojibwa und andere Algonkin-Stämme wichtig. Die Gesellschaft bestand aus Männern und Frauen, die sich nach einer langen Lehrzeit mit der Kräutermedizin auskannten und Kontakt zur Geisterwelt aufnehmen konnten.

Runde Schneeschuhe sind für das Laufen im lockeren, trockenen Schnee bestens geeignet. Dieses Schneeschuhpaar der Naskapi besteht aus Holzrahmen mit einem Geflecht aus Rohhautstreifen.

Links: Frauen der nördlichen Wälder fertigten wasserdichte Körbe wie diesen aus der Rinde von Birken und Fichten.

Reisen im Schnee

Im Winter waren die Wälder verschneit. Jäger und ihre Familien trugen Schneeschuhe, wenn sie im tiefen Schnee liefen. Für den Transport von schweren Lasten und Vorräten diente der Toboggan, ein Schlitten aus Birkenholz. Er wurde meist von Hunden gezogen, aber bei vielen Stämmen fiel diese Aufgabe auch den Frauen zu, da die Männer im Wald auf die Jagd gingen.

Der Toboggan wurde aus zwei Birken- oder Lärchenholzbrettern gebaut, die vorn hochgezogen waren, damit er leichter durch den Schnee glitt.

Nordöstliches Waldland

Die Region des nordöstlichen Waldlands erstreckt sich von der Atlantikküste bis zum Mississippi und von den Großen Seen bis hinunter zum heutigen Tennessee. Ausgedehnte Wälder lieferten alles, was die Menschen für ihre Behausungen, Kanus und Kleider brauchten. Einige der dort ansässigen Stämme jagten und fischten, aber viele lebten überwiegend vom Ackerbau. Es gab zwei Hauptgruppen – die Algonkin-Sprachgruppe, wie die Abenaki und Shawnee, und die Irokesen-Sprachgruppe, wie die Mohawk und die Huronen.

Eine Irokesen-Kugelkopfkeule. Diese Keule sowie Bogen und Pfeile waren die gebräuchlichsten Waffen.

Falschgesichterbund

Bei den Irokesen-Stämmen gab es einen Geheimbund, dessen Mitglieder Heilkräfte besaßen. Sie trugen hölzerne Masken, die aus lebenden, das heißt ungefällten Bäumen geschnitzt waren. Diese „Falschgesichter" stellten Geister dar, die im Wald oder in Träumen gesehen worden waren. Wer solche Erfahrungen gemacht hatte, konnte Mitglied des Falschgesichterbundes werden und an Krankenheilungen und Ritualen zur Vermeidung von Krankheiten teilnehmen. Die grotesken Masken wurden mit großem Respekt behandelt. Ihre Besitzer fütterten sie mit Maisbrei, und es hieß, dass eine Maske, die mit dem Gesicht nach oben hingelegt wurde, schrecklichen Lärm machte.

Mit Kieselsteinen gefüllte Rasseln aus Schildpatt wie diese (oben) fanden bei den Ritualen des Falschgesichterbundes Verwendung.

Mitglieder des Falschgesichterbundes vollziehen Riten zur Krankenheilung in einem Langhaus.

Kriegführung

Manchmal brach zwischen den Stämmen Krieg aus, vor allem bei den Irokesen. Meist wurden Dörfer des Gegners überfallen. Die Ursache waren lang währende Fehden oder der Wunsch, den Tod eines Kriegers zu rächen. Gewöhnlich wurden Gefangene gemacht. Wenn auch einige gefoltert oder getötet worden sind, wurden doch auch viele in den Stamm des Siegers aufgenommen.

*Bauart und Größe
von Birkenrindenkanus
richteten sich nach dem
Verwendungszweck.*

Kanus

Die Kanus, mit denen die Indianer die
Flüsse und Seen des Waldlands befuhren,
bauten sie aus mit Birkenrindenstücken bedeckten
Holzgerüsten. Das Gerüst bestand aus dem Holz
der Lebensbaum-Zypresse, die Rindenstücke wurden
mit Fichtenwurzeln zusammengenäht. Die Paddel
waren meist aus hartem Ahorn geschnitzt.

*Das Fell des Elchs
wurde zu Kleidung
verarbeitet, wie in
anderen Kulturräumen
das von Karibu
und Bison.*

Jagd

Der große Elch
gehörte ebenso wie der kleine Biber zu
den am meisten bejagten Tieren des
Waldlandes. Manchmal halfen Hunde
beim Aufspüren der Wildtiere.
Elche wurden mit Pfeilen erlegt
oder in großen Schlingen gefangen,
während Biber mit Keulen erschlagen
oder in Fallen gelockt wurden.

Ballspiel

Ein Spiel, das *Baggataway* („Kleiner Bruder des Krieges")
genannt wurde, war in der ganzen Region beliebt.
Es war schnell und gefährlich. Auf jeder Seite
nahmen Hunderte von Spielern auf einem großen
Feld teil. Bäume, Felsen oder Pfosten dienten als
Tore. Das Spiel war der Vorgänger des dem
Hockey verwandten Lacrosse-Spiels.

Beim Baggataway
*wurde der Ball
mit Netzschlägern
getragen und ins
Tor geschleudert.*

Irokesenbund

Um 1570 gründeten fünf Irokesen-Stämme –
die Cayuga, Mohawk, Oneida, Onondaga
und Seneca – den Fünf-Nationen-Bund. Nach
der Legende war es der große Mohawk-
Häuptling Hiawatha, der die zerstrittenen
Stämme zu einer Einheit zusammenschweißte.
Als um 1720 die Tuscarora hinzukamen,
wurde daraus der Sechs-Nationen-Bund.

*Rechts: Dieser gekerbte Stab führt
die 50 Mitglieder des Großen Rats
der Irokesen in den fünf Stämmen auf.*

*Die Symbole auf
diesem breiten
Wampum-Gürtel
stellen die Kette
menschlicher
Freundschaft dar.
Er wurde nach
1755 aus Perlen
europäischer Her-
kunft hergestellt.*

Wampum

Die Indianer der Waldländer verwendeten
Wampum – zu Schnüren aufgereihte weiße
und rote Perlen – als Geschenke bei zeremoniellen
Anlässen oder als Erinnerung an Ereignisse
und Verträge. Sie schnitten die scheibenförmigen
Perlen aus Muschelschalen, die sie von der
Atlantikküste holten. Die Perlen wurden
aufgefädelt und oft zu Gürteln verwoben.

*Indianer an den Großen
Seen fertigten Gerätschaften
aus Kupfer, die später als
Handelsobjekte dienten.*

Kupfer

In der Gegend südlich der Großen Seen begannen die
Menschen schon vor Jahrtausenden, Kupfer zu hämmern
und zu formen. Die alte Kupferkultur erreichte ihre
Blütezeit vor rund 3 500 Jahren, als Bewohner des
Waldlandes aus Kupfer Äxte, Speerspitzen und Armreifen
herstellten. Die Verwendung von Kupfer ging im Laufe der
Zeit zurück, aber einige der späteren Stämme nutzten es
auch weiterhin zur Herstellung von Messern und Beilen.

Das Langhaus

Ein Langhaus, in dem bis zu 20 verwandte Familien wohnten, war rund 45 Meter lang. Jede Familie hatte einen abgetrennten Raum. In jedem befand sich eine mit Binsenmatten oder Hirschfell bedeckte erhöhte Plattform, die am Tage zum Sitzen und als Arbeitsfläche und nachts als Schlafstätte (unter vielen Fellen) diente. Jeweils zwei gegenüberwohnende Familien teilten sich im Gang ein kleines Feuer zum Wärmen und Kochen.

In einem Irokesen-Dorf gab es mehrere Reihen mit Langhäusern. Im Inneren jedes Langhauses teilten Vorhänge aus Häuten den Wohnbereich für die einzelnen Familien ab. Die Feuerstellen in der Mitte jedes Hauses wurden zum Kochen genutzt und spendeten gleichzeitig Licht und Wärme.

Das Langhaus hatte ein hohes Giebeldach. Es gab keine Fenster, aber durch den Eingang und durch Rauchabzüge konnte Luft hineinströmen.

Das Irokesen-Dorf

Ein Irokesen-Dorf bestand aus mehreren großen Langhäusern und war zum Schutz vor Feinden mit einem hohen Palisadenzaun umgeben. Die Frauen pflanzten die „drei Schwestern" Mais, Bohne und Kürbis an und sammelten auch Nüsse und Beeren. Die Männer gingen auf die Jagd und fischten, was bedeutete, dass sie oft nicht im Dorf waren. Wenn der Boden der Felder ausgelaugt war und die Ernten nicht mehr ausreichten, zogen die Dorfbewohner weiter und rodeten Land für eine neue Siedlung.

Dieser Halsschmuck war mit Grislibärkrallen verziert und wurde nur von Männern als Ehrenzeichen getragen.

Mit gefärbtem Elchhaar bestickte Wildleder-Mokassins der Huronen.

Frauen

Die älteste Frau in jedem Langhaus galt als Mutter des Haushalts. Familienbande gingen über die mütterliche Linie. Bei der Heirat zog der Mann in das Langhaus seiner Frau und seiner Schwiegermutter. Die Frauen an der Spitze der Clans ernannten auch die Mitglieder des Großen Rats der Irokesen und konnten sie auch wieder absetzen.

Links: Ein geschnitzter Knochenkamm aus dem 16. Jahrhundert.

Von Ahornbäumen nutzte man das Holz und den Saft. Aus mit Mais vermischtem Ahornsirup wurde ein süßer Pudding gekocht.

Ahornsirup

Nach einer Irokesen-Legende wurde der Ahornsirup entdeckt, als ein Häuptling seinen Tomahawk einmal über Nacht in einem Ahornbaum stecken ließ. Am nächsten Morgen sah seine Frau, wie Saft am Tomahawk herabrann, der süß schmeckte. Damit begann der Brauch, einen schrägen Schnitt im Baumstamm anzubringen, darunter eine hölzerne Rinne in die Rinde zu stecken und den austropfenden Saft in Behältern aufzufangen. Die Irokesen legten heiße Steine in den Saft und kochten ihn zu Sirup ein.

❶ STANGENGERÜST AUS ULMENHOLZ

❷ MIT ULMENRINDE VERKLEIDETES DACH

❸ SCHLAFPLATTFORM

❹ VORRATSBORD FÜR NAHRUNGSMITTEL, FELLE, KÖRBE, KOCHGERÄTE UND ANDERE DINGE

❺ MITTELGANG

❻ FEUERSTELLE, VON ZWEI FAMILIEN GENUTZT

❼ VORHANG AUS LEDER ZUM ABTRENNEN DER FAMILIENRÄUME

❽ AN DACHSPARREN HÄNGENDE MAISKOLBEN, TROCKENFLEISCH, TROCKENFISCH UND KÜRBISSE

Weben

Irokesische Frauen webten Körbe, Taschen und Gurte aus zusammengedrehten Pflanzenfasern, wie dem Innenbast von Linde oder Lebensbaum-Zypresse. Ihre aus Binsen gewebten Matten wurden oft als Wandverkleidungen verwendet.

Unten: Dieser Beutel ist aus Baumwolle, Wolle und Bisonleder gefertigt.

Südöstliches Waldland

Die südöstliche Region, die sich vom Ohio nach Süden bis zum Golf von Mexiko erstreckt, hat warme, feuchte Sommer und milde Winter. Die Menschen lebten hier überwiegend vom Ackerbau und hatten reichlich zu essen, darunter ihre Hauptnahrung – Mais. Die Frauen bestellten die Felder und sammelten Wildfrüchte, während die Männer den Wald rodeten oder auf die Jagd gingen und fischten. In den Dörfern gab es Spielfelder, denn bei den Waldlandstämmen waren viele Spiele beliebt.

Key Marco

Archäologen machten im Schlamm der Küste von Key Marco, einer Insel vor Florida, geheimnisvolle Funde. Einst gab es hier Deiche, ins Meer hineinragende Holzmolen und Abflussbecken. Dazu fand man Werkzeuge aus Muscheln und Holzschnitzereien. Dies alles könnte vom Stamm der Calusa stammen, der im 17. Jahrhundert aus der Gegend verschwunden ist.

Fundstücke von der Insel Key Marco. Der aus Holz geschnitzte Puma (oben) stellt möglicherweise einen Gott dar. Das Schneidwerkzeug (rechts) ist mit Haizähnen besetzt.

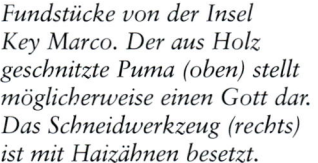

Ein Cherokee schießt einen Pfeil aus einem Blasrohr ab. Im Köcher auf seinem Rücken trägt er noch weitere Pfeile.

Wurfspeere und Pfeile

Die Cherokee und andere Stämme jagten mit Blasrohren und Wurfspeeren kleine Tiere, wie Kaninchen, Hörnchen und Vögel. Großwild, wie Hirsche, wurde mit Pfeil und Bogen erlegt. Die Jäger verbargen sich unter Hirschfellen, um möglichst dicht an ihre Beute heranschleichen zu können. Mit Pfeilen und Keulen töteten sie Bären und Alligatoren.

Häuser und Dörfer

Dörfer bestanden aus strohgedeckten Häusern, die von einer hölzernen Palisade umgeben waren. Meist gab es einen zentralen Platz und ein Kulthaus, wo Versammlungen und Zeremonien stattfanden, sowie eine Fläche, die als Spielfeld diente. Am wichtigsten war das *Chung-ke*-Spiel, bei dem eine rollende Steinscheibe durch einen geworfenen Stock umgestoßen werden musste.

Die Seminolen-Häuser hatten in dem heißen, feuchten Klima keine Wände. Der Fußboden war erhöht.

Brombeeren wurden als Tee getrunken, um den Magen zu beruhigen und den Kreislauf zu stärken. Sie sollten auch Linderung bei rheumatischen Beschwerden bringen.

Kräutermedizin

Die Cherokee und andere Stämme glaubten, dass viele Krankheiten von Tieren verursacht wurden, weil die Menschen sie getötet und gegessen hatten. Pflanzen dagegen halfen dem Menschen bei Krankheiten. Die Waldlandstämme kannten viele Kräuterheilmittel.

Grünmaisfest

Bei vielen Stämmen war eine der wichtigsten Zeremonien des Jahres das Grünmaisfest, mit dem die Maisernte gefeiert wurde. Mit Tänzen, Gelagen und Reden dankten die Menschen den Geistern für die Fruchtbarkeit der Erde. Zum Schluss wurde ein großes Feuer entfacht, von dem eine Frau aus jeder Familie ein Holzscheit mit nach Hause nahm und ihr Herdfeuer neu entzündete.

Kriegsvorbereitung

Strenge Regeln mussten eingehalten werden, bevor Indianer auf den Kriegspfad gingen. Sie fasteten zunächst drei Tage lang und tranken nur einen Kräutertrank aus Schlangenwurz. Dann fand ein Festmahl mit Hirschbraten statt, denn man glaubte, die Krieger würden danach so schnell wie Hirsche sein. Schließlich bemalten sich die Krieger mit roter und schwarzer Farbe.

Heiliges Feuer

Manche südöstlichen Stämme hüteten ein heiliges Feuer in Form eines Kreuzes. Dies entsprach den vier Windrichtungen, in die nach ihrem Glauben auch die Welt der Menschen eingeteilt war. Die Cherokee glaubten, ihr Feuer sei eine alte Frau und gaben ihr darum immer eine Portion von der Mahlzeit, die auf dem Feuer gekocht wurde.

Fünf zivilisierte Nationen

Manche Stämme passten sich viel besser an die Ankunft der Europäer auf dem Gebiet ihrer Heimat an als andere. Die Natchez, die die Sonne anbeteten, konnten den Eindringlingen nichts entgegensetzen und wurden vernichtet. Fünf andere Stämme – die Cherokee, Chickasaw, Choctaw, Creek und Seminolen – überlebten, weil sie anpassungswilliger waren. Sie wurden die „Fünf zivilisierten Nationen" genannt.

Dieses Zeremonialbeil wurde aus einem einzigen Stein gefertigt.

Oben: Diese Schrift aus 86 Zeichen wurde 1821 von einem Cherokee namens Sequoyah erfunden.

Das heilige Feuer durfte das ganze Jahr hindurch nicht ausgehen.

Tanz um das Feuer zum Grünmaisfest. Nach dem Fest badeten die Dorfbewohner in einem nahen Fluss, um sich für das folgende Jahr zu säubern.

Ankunft der Europäer

Mit Beginn des 16. Jahrhunderts trafen europäische
Entdecker, Händler und Siedler in Nordamerika
ein und breiteten sich über den Kontinent aus.
Die meisten der Neuankömmlinge fühlten sich
den Indianern überlegen und versuchten, deren
Lebensweise rücksichtslos zu ändern. Nachdem dies
zu Konflikten geführt hatte, die meist die Europäer
gewannen, wurden ganze Stämme zwangsweise aus
ihren Heimatgebieten in Reservate umgesiedelt. Das
Leben der Indianer sollte nie wieder das gleiche sein.

Christianisierung

Die Pilgerväter und andere Siedler wollten die Indianer
zum Christentum bekehren. Sie meinten, das könne schnell
und reibungslos vor sich gehen. Wo dies geschah, hatte es
aber zur Folge, dass die Indianer gezwungen wurden,
ihre überlieferten Sitten und traditionellen
Lebensformen aufzugeben, sodass sie noch
abhängiger von den Neuankömmlingen
wurden. Das kümmerte allerdings die
Europäer nicht im Geringsten,
denn sie waren davon überzeugt,
dass sie das Richtige taten.

*Oben: Die Missionskirche San Xavier wurde 1692
von einem spanischen Priester neben einem Pima-
Dorf gegründet. Die Indianer respektierten
die Kirche, die nie angegriffen wurde.
Später hat man sie neu erbaut. Sie steht heute
bei Tucson in Arizona.*

*Oben: Eine Wolldecke der Navajo,
gewebt im 19. Jahrhundert. Links: Ein mit
Türkisen besetzter Silbergürtel der Navajo.*

Begegnung zweier Welten

Anfänglich kamen einige
Indianergruppen gut mit
den Neuankömmlingen
aus und gaben das, was
sie über die Jagd, das
Sammeln und den
Maisanbau wussten,
gern an sie weiter.
Im Gegenzug brachten
die Europäer ihnen
Gebrauchsgegenstände,
wie Blechkessel und scharfe
Messer. Sie schleppten aber
auch bis dahin unbekannte
Krankheiten, wie Pocken
und Masern, ein, gegen
die die Indianer
keine Abwehrkräfte
besaßen. Das hatte
verheerende Folgen.

*Links: Der Stamm der Nez
Percé züchtete das gescheckte
Appaloosa-Pferd.*

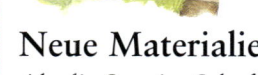

Das Pferd

Die Ankunft von Pferden, die
spanische Entdeckungsreisende im
16. Jahrhundert zum ersten Mal ins
Land brachten, sollte das Leben vieler
Indianer grundlegend verändern. Sie
wussten, dass sie sich mit Pferden
weiter und schneller fortbewegen
konnten, und sie besorgten sich die
Tiere durch Handel und durch
Diebstahl. Pferde galten bei den
Indianern als geheimnisvolle, heilige
Tiere, und einige Plains-Stämme nannten
sie „Himmelhunde". Viele Indianer
wurden schnell zu hervorragenden Reitern.

Neue Materialien

Als die Spanier Schafe in die Südwest-
Region einführten, begannen die Pueblo-
Indianer mit dem Weben von
Wollstoffen. Auch die Navajo
übernahmen die Schafzucht.
Europäische Händler brachten Anfang
des 19. Jahrhunderts Glasperlen mit,
deren Farbvielfalt die indianischen
Frauen zu kunstvollen Mustern
anregte. In den Plains verdrängte die Perl-
stickerei bald die traditionelle Quillstickerei.

*Oben: Die Nachfrage
nach Bibern nahm zu, als Hüte aus
ihren Fellen im Europa des 17.
Jahrhunderts Mode wurden.*

Die Pilgerväter, die 1620 auf der Mayflower von England gekommen waren, feierten 1621 ihr erstes Erntedankfest. Sie luden dazu die benachbarten Wampanoag ein, die ihnen mit ihren Nahrungsmitteln geholfen hatten, zu überleben.

Das Vermächtnis der Indianer

Heute sind viele Indianer bemüht, ihr Erbe zu bewahren. Einige führen ein traditionelles Leben in Reservaten, von denen jetzt viele von den Stämmen selbst verwaltet werden. In Kanada wurde den Inuit ihr Stammesgebiet zurückgegeben, das Nunavut („Unser Land") heißt.

Der Sioux-Häuptling Sitting Bull (links) war 1876 der Anführer in der siegreichen Schlacht gegen die US-Kavallerie am Little Bighorn in Montana.

Kampf um Land

Die Neuankömmlinge wollten Siedlungsland, auf dem sie ihre Häuser bauen und Felder einzäunen konnten. Dann wollten sie das Land besitzen und an ihre Kinder vererben. Das verstanden die Indianer nicht, denn sie sahen sich lediglich als Verwalter des Landes, das ihnen nicht gehörte. Als jedoch ihre Jagdgründe und Dörfer bedroht wurden, wussten sie, dass man sie vernichten wollte, und sie kämpften um ihr Überleben.

Pelzhandel

Zu Beginn des 16. Jahrhunderts drangen französische Fischer und Entdecker von der Küste des heutigen Ostkanada ins Landesinnere vor. Sie boten den Waldland-Stämmen Messer, Kessel und andere Waren im Tausch gegen Pelze von Biber (*links*), Marder und Otter. Die Franzosen richteten in Quebec einen Pelzhandelsposten ein, und 1685 hatten sie schon Handelsposten am Mississippi. Französische Pelzhändler halfen englischen Kaufleuten bei der Gründung der Hudson-Bay-Gesellschaft, die bald den Handel der Nordostregion beherrschte.

Oben: Dieses Inuit-Mädchen trägt einen traditionellen Pelzparka.

Register